예쁜점토 칼라점토

칼라점토 연구회장 함 미 재 지음

태 학 원

함 미 재

1985 상명대 행정학과 졸업
1993 칼라믹스 사범활동
1994 사랑의 전화 복지관 강사
1995~ 경방필 백화점 문화센터 강사
1996. 98 현대백화점 문화센터 강사
1997 세검정 초등학교 공예강사
1997~ 신세계백화점 문화센터강사(영등포·미아리·인천)
1997~ 롯데관악점 문화센터 강사
1999~ 둔촌동 88체육센터 전문강사
1999. 9~10 하남시 환경박람회 초대강사
2000~ www.Cyberjubu.com 칼라점토 강사
2000~ 사단법인 수공예협회 칼라점토 연구회장

```
H·P         : 016-258-7033
남대문 교실   : (02)756-7449
협회 반포교실 : (02)3482-9646
Fax         : (02)3482-9648
```

예쁜점토 칼라점토

한 해를 넘기며 준비해온 책이 새천년을 맞아 풍성한 가을의 문턱에 서서야 비로소 빛을 보게 되었다.
메마른 땅에 물이 고여 한 생명을 탄생시키듯, 초창기의 많은 어려움을 극복하고 칼라점토도 수공예의 한 페이지를 장식하게 되었다.

그럼에도 불구하고 쉽게 보고 배울 만한 책이 없어 칼라점토의 대중화에 걸림돌이 된 것도 사실이다.
이에 부끄러운 솜씨지만 아이들서부터 성인까지 충분히 느끼고, 배우고, 즐길 수 있도록 정성과 노력을 기울였다.
칼라점토 공예는 생활예술로서 만드는 즐거움과 소박한 성취감, 아울러 주변 환경을 나만의 분위기로 아름답게 장식하는 데 도움이 된다.

이제 우리는 칼라점토의 올바른 성장과 발전을 위하여 칼라점토에 대한 남다른 애정과 자부심을 갖고 더 한층 노력해야 할 것이다.

끝으로 책을 내기까지 옆에서 기다려주고 도와주신 모든 분들께 감사를 드리며, 아울러 갈라점토를 사랑하는 사람들에게 작품활동에 꼭 필요한 소중한 자료가 되었으면 한다.

2000. 10.

칼라점토 연구회장 함 미 재

목 차

예쁜점토 칼라점토	3
1) 동물지우개 만들기	6
〈개구리〉	6
〈곰돌이〉	7
〈돼지〉	7
2) 야채 자석 몰딩 만들기	8
〈홍당무〉	8
〈고추〉	9
〈버섯〉	9
3) 동물 납작인형	10
〈펭귄〉	10
〈뱀〉	11
〈멍멍이〉	11
4) 인물 납작인형	12
〈신부〉	12
〈신랑〉	13
5) 탈 액자	14
〈파란색 탈〉	14
〈주황색 탈〉	15
〈연두색 탈〉	15
★ 연필꽂이	16
★ 어린이용 사진액자	16
6) 코끼리 이쑤시개 꽂이	17
7) 어린이용 악세사리-호빵맨 시리즈	18
〈호빵맨〉	18
〈무당벌레〉	19
〈세균맨〉	19
8) 어린이용-소꿉놀이 Set	20
〈햄버거〉	20
〈아이스크림〉	21
〈파이〉	21
9) 어린이용-자동차놀이	22
〈자동차〉	22
〈신호등〉	23
〈배〉	23
10) 어린이용-하트 모자 걸이	24
11) 어린이용-사진액자	26
12) 꽃바구니	29
(1) 은방울꽃	29
(2) 마가렛 꽃	31
(3) 장미꽃	32
(4) 딸기꽃	33
(5) 카라꽃	34
★ 백설공주와 일곱난장이	35
★ 민속인형들	35
13) 동물인형	36
★ 캐릭터인형	36
〈토끼인형〉	37
14) 사람인형	38
★ 노래하는 천사들	38
★ 토분 인형들	38
〈천사인형〉	39
15) 악세사리	41
(1) 장미 문양	41
(2) 해바라기 문양	42
(3) 이중싸기 문양	43
(4) 사람 문양	44
〈낙엽 브로치〉	44
〈리본 얼굴〉	45
〈모자 얼굴〉	45

16) 크리스마스 이야기 46
 ★ 달과 산타 46
 ★ 트리 Set 47
 (1) 리스만들기 48
 ★ 트리요정 49
 ★ 산타 선물 49
 ★ 산타와 눈사람 50
 ★ 버섯나라 산타 50
 (2) 눈사람 51
 (3) 산타클로스 51

17) 실요상품 코너 52
 ★ 사진액자 52
 ★ 열쇠걸이 모음 52
 ★ 곰돌이 모자걸이 53
 ★ 영수증 꽂이 53
 (1) 열쇠걸이 54
 ★ 신랑신부 시계 56
 ★ 달팽이 시계 57
 ★ 소품 시계 Ⅰ, Ⅱ 57
 (2) 12지간 시계 58
  〈쥐〉 58
  〈말〉 59
  〈양〉 59
  〈원숭이〉 60
  〈닭〉 60
 (3) 기타 61

18) 소품 액자 62
 ★ 돼지 풍선 62
 ★ 민속 男, 女 62
 ★ 가을 달밤 63

 (1) 달님 천사 액자 64
 ★ 여름 66
 ★ 소품액자 Ⅰ, Ⅱ, Ⅲ 66
 ★ 그네 67
 ★ 딸기소녀 67
 ★ 모자 男, 女 67
 (2) 아기 고양이 액자 68
 ★ 감나무 70
 (3) 아기 손·발바닥 액자 70

19) 장식용 액자 71
 ★ 가을의 풍요 71
 ★ 사자 71
 ★ 이젤액자 72
 ★ 나비 요정 73
 ★ 장미 Set 74
 ★ 딸기 요정 75
 ★ 봄 풍경 76
 ★ 원두막 77
 ★ 꽃 사계 78
 ★ 자전거 79
 ★ 버섯요정 80
 ★ 강강술래 81
 ★ 겨울나무 천사 82
 ★ 겨울리스 83
 ★ 낙엽 요정 83
 ★ 거미줄과 나비 84
 ★ 나리꽃요정 85
 ★ 칼라점토에 필요한 기본재료 86
 ★ 작품 완성시 열처리 방법 87
 ★ 칼라점토 색 배합표 88

칼라점토

1) 동물지우개 만들기

〈개구리〉

① 초록색 점토 ¼토막을 둥글게 만들어 손바닥으로 살짝 눌러 놓는다.

② 흰색에 검정 눈동자를 붙인다.

③ 5조도구 중 송곳으로 콧구멍을 2개 찍고 입도 찍는다.

④ 입 양쪽 끝에 빨간색 볼연지를 동그랗게 붙여준다.

⑤ 노란색 동그라미를 2개 만들어 개구리 이마에 모자를 씌워주고 물에 끓여 완성한다.

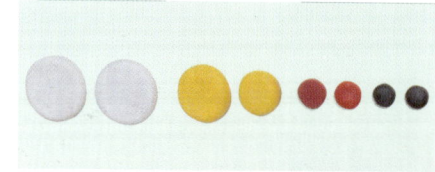

〈곰돌이〉

① 노란색 점토 ¼토막을 둥글게 만들고 귀도 둥글게 2개 만든다.

② 빨간색 점토로 속귀와 입 언저리를 둥글 납작하게 붙여준다.

③ 빨간 입 위에 눈을 붙여준다.

④ 눈과 입 중간에 파란 코를 붙인다.

⑤ 코 바로 밑에 둥근 조각도로 입을 찍어주고 입 주위에 송곳으로 수염자국(점)을 3번 찍어 완성한다.

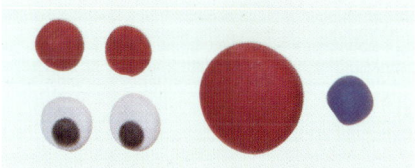

〈돼지〉

① 분홍 점토를 둥글게 만들어 살짝 눌러준다.

② 하늘색으로 돼지 귀를 세모 모양으로 2개 만들어 붙인다.

③ 동물은 항상 귀를 먼저 붙인 후 그 사이에 눈을 붙여준다.

④ 귀와 같은 하늘색으로 코를 둥글게 붙여주고 송곳으로 콧구멍과 입을 찍는다.

⑤ 코 옆에 노란색 볼연지를 붙여 완성한다.

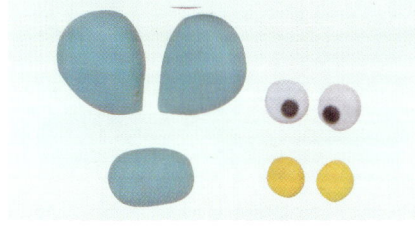

칼라점토

2) 야채 자석 몰딩 만들기

이번에는 칼라점토에서 가장 기본형이 되는 물방울 모양을 이용해서 야채를 만들어 봅시다.

〈홍당무〉

① 노랑과 빨강 점토를 7:3 정도의 비율로 섞어 주황색을 만든다.
② 일단 동그랗게 만든 주황 점토를 손바닥 사이에 놓고 한쪽만 굴려서 물방울 모양을 만든 후 살짝 눌러 놓는다.
③ 같은 방법으로 작은 홍당무도 만든다.
④ 홍당무 머리 부분에 5조도구 중 송곳으로 구멍을 내어준다.

⑤ 노랑과 초록색 점토를 적당히 섞어서 반 믹스 한다.
(※반 믹스란 색깔이 완전히 혼합되기 전인 노랑과 초록이 모두 보이는 상태를 말한다.)

⑥ 반 믹스한 점토로 뾰족한 물방울을 만들어 홍당무 구멍에 끼워 넣는다.

⑦ 이 잎사귀를 납작하게 눌러서 송곳으로 예쁜 잎사귀 모양을 만든다.
⑧ 큰 홍당무 얼굴에 눈, 코를 만들어 붙이고 둥근 조각도로 입 모양을 찍어준다.

⑨ 이마에 연보라(보라+흰색)색 꽃을 만들어 붙인 후 작은 홍당무를 큰 홍당무 오른쪽에 꽉 눌러 붙여준다.

⑩ 물에 끓여 완성한 후 순간본드를 이용해 자석을 붙인다.

★같은 방법으로 고추와 버섯도 만들어 봅시다.

〈고추〉

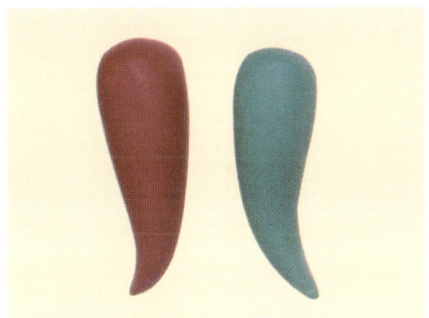

① 초록과 빨간색 점토로 긴 물방울 모양을 만든다.

② 끝을 서로 반대쪽으로 약간 휘어서 서로 붙여놓는다.
③ 고추 머리부분에 초록 잎사귀를 3개씩 붙여준다.

④ 흰색에 검정 눈동자를 붙이고 노란 코도 붙여준다.

⑤ 둥근 조각도, 삼각 조각도로 각기 입 모양을 찍어준다.

⑥ 초록 고추 이마에 흰색 동그라미를 세 개 붙여 예쁜 꽃 모양을 만들어준다.
⑦ 물에 끓여 완성한다.

〈버섯〉

① 보라색 점토로 양쪽 물방울 모양의 버섯갓을 크고 작게 2개 만든다.
② 노랑색 점토로 버섯기둥을 2개 만든다.

③ 버섯기둥에 갓을 붙여 그림처럼 만들어준다.

④ 버섯 갓에는 분홍점을 5개, 3개 붙여준다.

⑤ 큰 버섯기둥에 눈코입을 만들어준다.

⑥ 버섯 밑둥에 초록색 잎사귀를 작은 물방울 모양으로 5개 붙여준다.
⑦ 물에 끓여 완성 후 자석을 붙여준다.
(※양쪽 물방울 모양이란 물방울 모양을 만든 후 둥근 쪽을 다시 한번 굴려서 마저 뾰족하게 만든다. 양쪽 다 뾰족하다 해서 양쪽 물방울 모양이라 한다.)

칼라점토

3) 동물 납작 인형
앞에서의 동물 얼굴과는 달리 몸통까지 갖추어진 귀여운 동물 납작인형을 만들어 봅시다.

〈펭귄〉

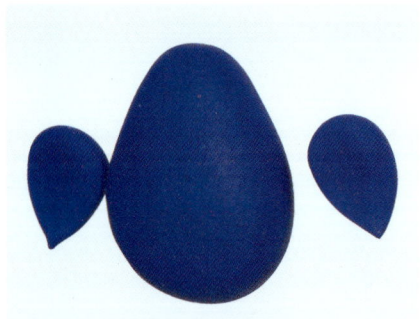

① 파란 점토로 둥근 물방울을 만들고 작고 뾰족한 물방울을 2개 만든다.(몸통과 날개2)

② 흰색 점토로 둥글납작하게 만들어 배에 붙이고 눈도 만들어 붙인다.

③ 노랑 점토로 물방울 모양을 만들어 펭귄발에 붙이고 양쪽 물방울 모양으로 부리를 만들어 붙인다.

④ 펭귄 부리를 만든 후 양쪽 날개를 부리 옆에 붙여준다.

⑤ 빨강 점토로 동그라미를 2개 만든 후 하나는 납작하게, 다른 하나는 길게 붙여 펭귄 신사모자를 만든다.

〈뱀〉

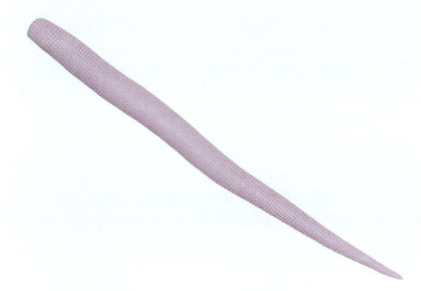
① 분홍색 점토로 15㎝ 정도의 긴 물방울 모양을 만든다.

② 둥글게 돌려 말아서 따리를 뱀 모양을 만든다.

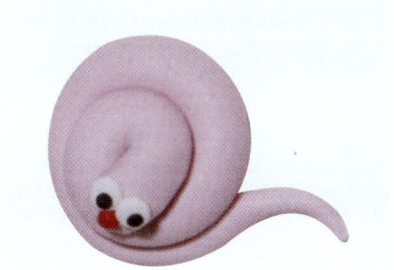
③ 눈코를 붙이고 둥근 조각도로 입을 거꾸로 찍는다.

④ 빨강 점토로 작은 물방울을 만들어 뱀의 몸통 위에 7군데 정도 붙여주고 사이사이에 흰색 점을 붙여준다.

⑤ 머리에는 초록색 야구모자를 씌워주고 꼬리에는 노랑 리본을 붙여준다.

※ 야구모자 — 둥글 납작한 챙을 먼저 붙여주고 그 위에 동그라미를 하나 더 붙여서 5군데 칼집을 준다.
※ 리본 — 작은 물방울 2개를 만들어 서로 맞붙이고 그 중간에 작은 동그라미를 하나 더 붙인다.

〈멍멍이〉

① 노란 점토1/3 토막을 다시 2등분해서 하나는 물방울 모양으로 몸통, 또 하나는 둥근 모양의 얼굴을 만든다.

② 작은 물방울 모양으로 발 2개, 팔 2개, 귀 2개를 만드는데 그 중 귀 하나는 빨간색으로 만들어 놓는다.

③ 먼저 몸통에 발을 붙이고 팔을 붙인 후 얼굴을 붙인다.(이것이 납작인형 만들 때 가장 기본이 되는 중요한 순서이다.)
④ 얼굴에 빨간 점을 납작하게 붙인 후 귀를 붙여준다.

⑤ 그 후 흰색 점토로 작은 물방울을 만들어 배를 붙여주고 눈, 코도 붙여준다.

⑥ 코 밑에 직선으로 칼집을 주고 양쪽에 송곳으로 수염자국을 꼭꼭 3~4군데 찍어준다.

⑦ 하얀 뼈다귀를 만들어 멍멍이 입 끝에 붙여준다.

칼라점토

4) 인물 납작인형

〈신부〉

① 검정색 점토를 동글납작하게 눌러 놓는다.
② 살색을 만들어 가느다랗게 목을 먼저 놓는다.
③ 빨강색을 밀대로 밀어 둥글게 잘라서 치마 윗부분만 두세 번 주름을 잡는다.
④ 주름잡은 치마를 목 끝부분에 잘 눌러 붙인다.

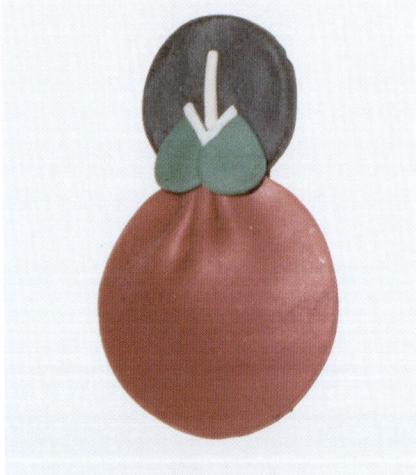

⑤ 초록색으로 물방울을 2개 납작하게 만들어 치마 위에 똑바로 붙인다.
⑥ 흰색 동정은 가늘게 밀어 초록색 저고리 목 부분에 잘라 붙인다.

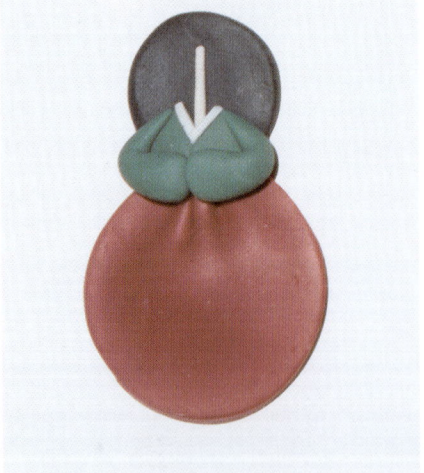

⑦ 초록색 팔도 긴 물방울을 2개 만들어 어깨에 붙여 앞쪽으로 구부려 붙여준다.

⑧ 목 가운데쯤에 노란색으로 비녀를 길게 붙여 준다.
⑨ 비녀 위에 빨간 댕기를 긴 사각으로 잘라 팔까지 내려오게 붙인다.
⑩ 노란색을 밀대로 밀어 길게 잘라서 팔 위에 붙여준다.

⑪ 살색으로 동그랗게 얼굴을 만들어 목 위에 붙인다.
⑫ 검정으로 물방울 모양 2개를 만들어 납작하게 눌러서 머리 양쪽에 붙인다.
⑬ 눈, 코, 입을 만들고 빨간색으로 연지 곤지를 붙인다.

⑭ 빨간 족두리는 동그랗게 만들어 머리 위에 잘 붙인다.
⑮ 족두리에 파랑·노랑·초록 줄을 붙이고 그 끝에 흰색 점을 3개 붙여서 송곳으로 꼭꼭 눌러 완성한다.

〈신랑〉 ※완성품은 자석을 붙여 몰딩으로 사용하거나 신랑, 신부 한쌍을 작은 액자에 넣어 장식해도 좋을 것이다.

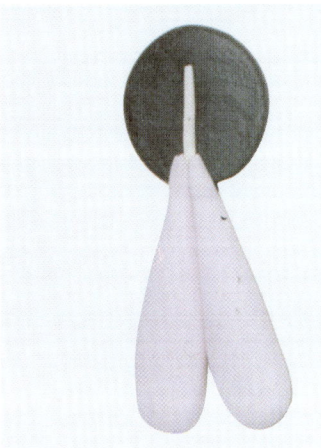

① 검정색 점토를 동글납작하게 눌러 놓고 그 위에 살색 점토로 길게 목을 놓는다.
② 다리는 연분홍 물방울을 길게 2개 만들어 목 끝 부분에 붙인다.

③ 옷은 파란색 점토를 밀대로 밀어 긴 사다리꼴로 자르고 목 부분은 V자로 잘라준다.

④ 배부분에 주황색 동그라미를 납작하게 붙이고 그 위에 허리띠는 노란색 줄을 넓게 붙여준

⑤ 팔은 파란색으로 긴 물방울 모양 2개를 붙인다.
⑥ 어깨에는 분홍색 완장을 붙여준다.

⑦ 살색으로 동그랗게 얼굴을 만들어 목 위에 붙인다.
⑧ 사모관대는 검정색 양쪽 물방울을 납작하게 눌러 붙여주고, 그 위에 다시 통통한 양쪽 물방울을 만들어 붙이고, 머리 양쪽에 동그란 날개를 붙여준다.

⑨ 눈, 코, 입을 만들고 입 양쪽에 분홍 볼연지를 붙인다.
⑩ 물방울 모양으로 바지 끝에 신발도 붙여 완성한다.

5) 탈 액자

〈파란색 탈〉

① 파랑 점토 반 토막을 동그랗게 만들어 살짝 눌러 놓는다.
② 파란 물방울을 만들어 주먹코로 꾹 눌러 놓는다. 코 양쪽에 작은 물방울로 콧볼을 만든다.

③ 이마와 턱 쪽에 작은 동그란 혹을 붙인다.
④ 파란 줄을 좀 굵게 밀어 두 줄로 만든다. 양쪽 끝을 손으로 잡고 서로 엇갈리게 오른손은 위쪽, 왼손은 아래쪽으로 밀어 꽈배기를 꼰다.
⑤ 꼰 머리띠를 머리에 붙여주는데 이때 코와 같은 높이로 맞춰준다.

⑥ 약간 긴 동그라미를 만들어 눈에 붙이고 그 위에 양쪽 물방울을 만들어 눈두덩이를 붙이고 송곳으로 꼭꼭 눌러 놓는다.
⑦ 눈동자는 검정→카키색→노랑 순서로 붙인다.

⑧ 주황점과 노랑점을 이마와 턱에 붙인다.
⑨ 빨강 점토를 길게 밀어 두 줄로 입술을 길게 붙인다.
⑩ 코와 볼, 턱에 흰색·노랑·주황점을 붙여 완성한다.

〈주황색 탈〉

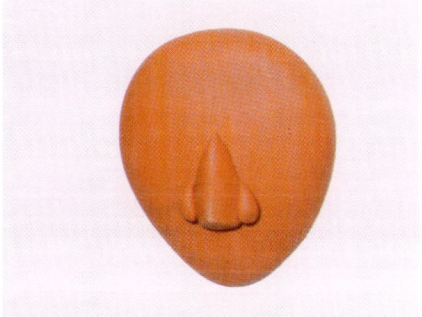
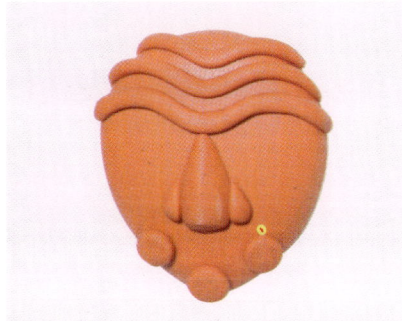

① 주황 점토를 물방울 모양으로 살짝 눌러 놓는다.
② 코를 물방울 모양으로 먼저 붙여주고, 양쪽 손가락으로 눌러 콧대를 세워주고, 콧볼을 붙여준다.

③ 주황색 줄을 굵게 밀어 이마에 3줄 붙인다. 그리고 턱에 둥근 혹을 3개 붙여준다.

④ 흰색 물방울을 납작하게 눌러 눈을 만들어 주고 검정→카키→노랑 순서로 눈동자를 붙여준다. 그 후 송곳으로 눈동자를 꾹 눌러준다.

⑤ 머리에는 초록과 노란 줄을 양쪽에 붙여주고 턱 부분에는 노랑과 흰색 점을 붙여준다.

⑥ 입은 초록색을 약간 길게 붙이고, 굵은 송곳으로 입 가운데를 눌러 놓고 왼쪽 오른쪽으로 살짝 누른다.

⑦ 이마 중앙에 초록 점을 붙이고 그 위에 카키 점을 붙인다.

〈연두색 탈〉

① 연두색 점토를 약간 긴 동그라미로 만든다.
② 같은 색으로 물방울 모양의 주먹코와 눈썹을 붙인다.

③ 눈썹 위에 주황·빨강·주황 줄을 각각 붙여준다.
④ 물방울 모양의 눈을 붙인 후 검정 눈동자를 붙이고 그 위에 흰색 동그라미를 반 잘라 눈꺼풀도 붙여준다.

⑤ 초록 줄을 길게 밀어 이마에 3줄 붙여준다.

⑥ 코 양쪽에 연초록 물방울을 길게 붙이고 그 위에 노랑 점을 3개 붙인다.

⑦ 턱 부분에도 노랑색 양쪽 물방울을 납작하게 붙인 후 그 위에 흰색 점을 5개 붙인다.

⑧ 빨강 줄을 약간 굵게 밀어 입을 만들어 완성한다.
※ 탈을 3-4개 만들어 액자에 넣어주거나 문틀 액자에 붙여 장식한다.

칼라점토

연필꽂이

어린이용 사진액자

6) 코끼리 이쑤시개 꽂이

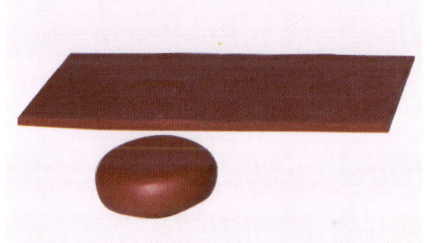

① 빨간색 점토를 밀대로 약간 도톰하게 밀어 놓는다.
② 밀어 놓은 판을 가로12㎝, 세로6㎝로 자른다.
③ 같은 색으로 지름 약 3.5㎝ 정도로 두껍게 동그라미 밑판을 만든다.

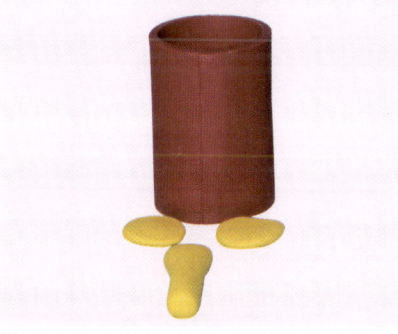

④ 밑판 위에 잘라놓은 직사각형을 둘러 붙인다.
⑤ 노란 점토를 길게 밀어 코를 만들고 같은 색으로 귀도 둥글게 2장 만든다.

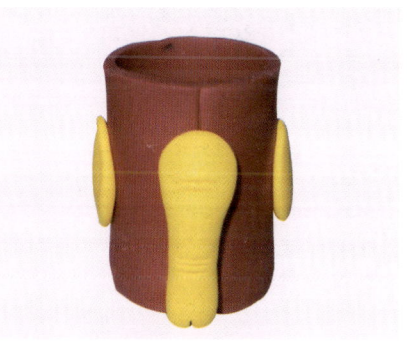

⑥ 만들어 놓은 코는 서로 맞붙인 자국이 있는 몸통 위에 붙여준다.
⑦ 귀도 코와 같은 높이로 양쪽에 붙여준다.

⑧ 코 바로 위에 흰색으로 눈을 커다랗게 붙인다.

⑨ 흰색 또는 다른 색깔로 귀 밑에 동그랗게 발을 2개씩 4개 붙여준다.

⑩ 끝으로 귀 위에 동그라미나 리본 등의 악세사리를 붙여 완성한다.
※ 식탁 위에 올려놓고 이쑤시개 꽂이로 사용해 보자.

칼라점토

7) 어린이용 악세사리 - 호빵맨 시리즈

〈호빵맨〉

① 살색 점토를 둥글게 살짝 눌러 놓는다. (살색 = 흰색＋노랑＋빨강 = 9 : 0.5 : 0.5)

② 호빵맨 코는 빵빵하게 빨간 동그라미로 먼저 붙여 중심을 잡아주고 양쪽에 주황색 볼을 붙인다.

③ 코 위에 검정 눈을 붙여주고 둥근 조각도로 입을 찍는다.

④ 호빵맨의 망토 대신 초록색으로 리본을 붙여 준다. 그 위에 노란 줄도 하나 붙여준다.

⑤ 삶아낸 호빵맨을 목걸이 줄에 걸어 완성한다.

〈무당벌레〉

① 빨간 점토를 동그랗게 만들어 살짝 눌러 놓는다.

② 무당벌레는 날개가 있으므로 빨간 등 가운데 송곳이나 칼을 이용해 줄을 만들고 앞에 노란 얼굴을 붙여준다.

④ 노란색 얼굴에 흰색에 검정 눈동자를 붙여준다.
⑤ 삶아낸 후 순간본드를 이용해 브로치 틀에 붙여 완성한다.

③ 등 가운데 초록색으로 점을 붙이고 양쪽에 대칭으로 각각 2-3개의 점을 붙여준다.

〈세균맨〉

호빵맨에 나오는 악당 세균맨도 만들어 보자. 악당이라 만드는 방법도 약간 까다롭지만 끝까지 악당을 따라잡아보자.

  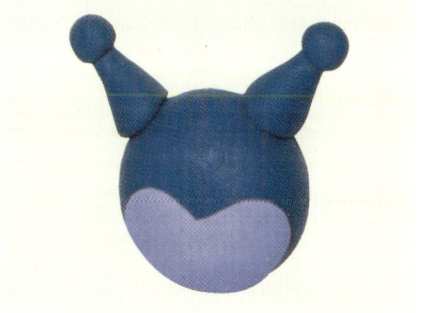

① 초록과 파랑을 5 : 5 비율로 섞은 청록색 점토를 동그랗게 굴려놓는다.

② 같은 색으로 머리에 뿔 2개를 붙이고, 핀이나 이쑤시개를 꽂아 뿔을 얼굴에 고정시킨다.

③ 뿔 끝에 청록색 동그라미를 붙여준다. 그리고 흰색(9)+청록색(1)을 섞은 연한색을 입부분에 ♡(하트)모양으로 납작하게 붙여준다.

④ 그 입 위에 다시 흰색을 길게 붙여주고 눈도 붙인다.

⑤ 하얀 입은 칼과 삼각조각도를 이용해서 모양을 내주고 코도 함께 붙여준다.

⑥ 삶아 낸 후 열쇠고리에 걸어 완성한다.

칼라점토

8) 어린이용 - 소꿉놀이 Set

아이들이 좋아하는 서양음식인 햄버거, 아이스크림, 파이를 예쁘게 만들어 보자.

〈햄버거〉

① 황토색 점토를 만들어 동그란 빵을 2개 만든다. (황토색=노랑+빨강+검정=8:1:1)

② 빵 위에 초록색 점토를 얇게 펴서 끝을 약간 뜯어서 양상치처럼 올려놓는다.

③ 밤색으로 고기를 동그랗게 만들어 양상치 위에 올리고

④ 노란색 점토를 얇게 펴 사각으로 잘라 치즈처럼 올려놓는다.

⑤ 남은 빵하나를 위에 올리고 흰색으로 빵 위에 깨처럼 조그맣게 박아준다.

〈아이스크림〉

① 파란색 점토를 밀대로 밀어서 쿠기틀로 예쁜 모양을 찍어낸다. (아이스크림 접시)

② 흰색, 연분홍, 초콜릿색(밤색+흰색)을 동그랗게 예쁘게 굴려 아이스크림처럼 접시에 올려놓는다.

③ 그 위에 밤색으로 초콜릿 시럽처럼 길게 붙여준다.

④ 시럽 위에 빨간색 체리를 올려 완성한다.

〈파이〉

① 황토색에 흰색을 섞어 연한 갈색으로 파이빵을 동글납작하게 만들어 놓는다.

② 그 위에 빨간색 열매를 동그랗고 조그맣게 많이 만들어 올려놓는다.

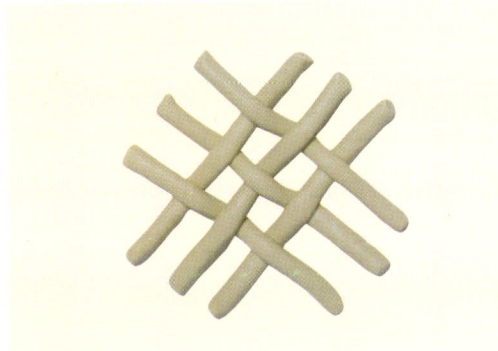

③ 연한 갈색으로 길게 밀어서 바구니엮기를 한다.

④ 엮어 놓은 줄을 열매 위에 꼭 맞게 올려 놓는다.
⑤ 모두 끓여서 맛있는 음식을 만들어 예쁜 상을 차려보자.

9) 어린이용 - 자동차놀이

〈자동차〉

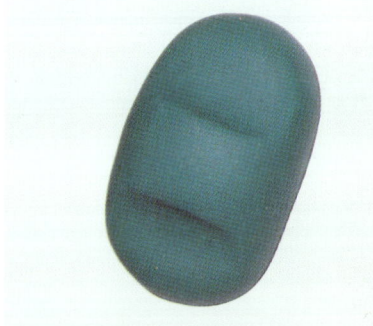

① 아이가 좋아하는 색으로 조금 긴 동그라미를 만든다.
② 긴 동그라미의 앞뒤를 손가락으로 눌러서 모양을 만든다.

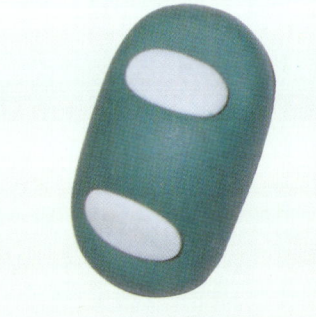

③ 움푹 눌러놓은 곳에 흰색 유리창을 얇게 눌러 붙인다.

④ 양쪽 옆에 검정색으로 동그란 바퀴를 만들어 붙인다.

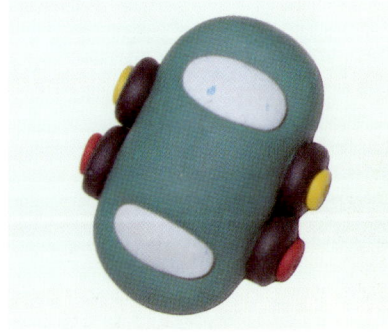

⑤ 검정바퀴에 노랑·빨강의 조그마한 동그라미(휠)를 알록달록하게 덧붙인다.

⑥ 앞의 헤드라이트 부분을 눈처럼 붙여주고 번호판도 입처럼 붙여 예쁜 자동차를 완성한다.
※ 같은 방법으로 트럭과 택시도 만들어 보자.

〈신호등〉

① 검정 동그라미로 받침대를 만들고 이쑤시개를 꽂아 놓는다.

② 파란색 점토로 직사각형을 만들어 놓는다.

③ 파란 직사각형을 검정판의 이쑤시개에 잘 꽂아 넣는다.

④ 그 위에 빨강·노랑·초록불을 동그랗게 붙인다.
⑤ 윗부분에 검정 물방울을 작게 붙여 완성한다.

※ 아이와 함께 신호등을 만들면서 신호등의 색깔과 역할에 대해 이야기 하면 아이들에게 좋은 공부가 될 것이다.

〈배〉

① 빨강 점토 한 토막을 잘 주물러 양쪽 물방울을 만든다.

② 노랑색 점토는 밀대로 평평하고 두껍게 밀어 삼각형으로 잘라놓는다.

③ 빨간색 배에 이쑤시개를 꽂고 노란 돛대를 단다.

④ 돛에 주황·연두로 2줄 붙여 모양을 낸다.
⑤ 흰색으로 동그란 구멍 튜브를 만들고 파랑으로 줄을 만들어 붙인다.

※ 이 밖에도 싱싱카, 도로표지판 등도 만들어 보자.

칼라점토

10) 어린이용 - 하트 모자 걸이

① 나무로 된 하트 판을 준비한다.

② 빨강과 보라 점토를 한 토막씩 준비하고 가운데에 흰색 점토 반 토막을 넣고 밀대에 밀어 준다. (밀대에 여러 번 반복해서 밀어야 그라데이션 효과를 볼 수 있다.— 색번짐 효과)

③ 밀어놓은 점토에 하트 나무판을 대고 하트 모양 그대로 잘라 놓는다.

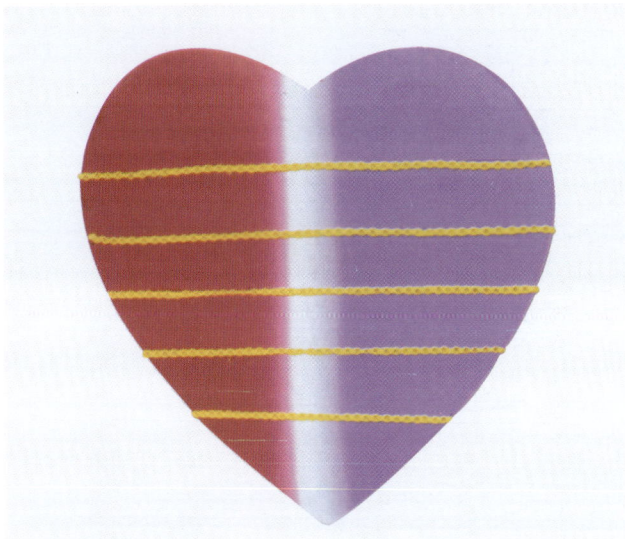

④ 하트 점토판에 오선지의 5줄을 자를 대고 그리고, 그 위에 노란색을 가늘게 밀어붙인다.

⑤ 검정 점토는 조금 굵게 밀어서 하트 테두리를 해준다. 검정 테두리 역시 굵은 송곳으로 간격을 맞추어 꾹꾹 눌러 놓는다.

⑥ 오선지 3군데에 초록색으로 음표기둥을 먼저 붙이고 그 위에 노랑·분홍·하늘색 음표 얼굴을 둥글게 붙인다. 연두색으로 긴 물방울을 만들어 8분음표도 만든다.

⑦ 초록 점토를 또 가늘고 길게 만들어 음표 중간에 높은음자리표도 만들어 본다.(※이것은 모자걸이라 높은음자리표 밑에쯤 나무봉을 걸게 되므로 나무봉 자리는 피해서 모든 음표를 붙여야 한다.)

⑧ 하트판 맨 위에 검정색 점토로 물방울 2개를 만들어 리본을 만들고 그 위에 다시 흰색 또는 노랑 점토로 리본을 하나 더 만들어 붙인다.

⑨ 하트 점토판을 삶아낸 후 하트 나무판 위에 붙인 후 구멍자리를 찾아 나무 봉을 끼워 완성한다.

칼라점토

11) 어린이용-꼬마 사진 액자

① 사진 액자틀을 준비한다.(어떤 모양이든 상관없다.)

② 마음에 드는 2가지 색을 준비한다. 그림은 하늘색과 분홍색을 4 : 1 로 준비했다.

③ 2가지 색을 밀대로 밀어 자연스럽게 색번짐을 만든 후 액자틀에 맞추어 잘라 놓는다.

④ 진노랑색 점토로 둥근 얼굴을 액자판 위에 붙이고 둥근 귀도 2개 붙인다. (호랑이 얼굴)

⑤ 흰색으로 작은 물방울 2개를 만들어 입 부분에 붙이고 그 위에 눈도 2개 붙여준다.

⑥ 같은 진노랑 점토로 물방울 4개를 만들어 네 귀퉁이에 팔, 다리를 붙여준다. 그리고 밑 부분에 긴 꼬리도 만들어 준다.
⑦ 주홍색 점토는 길고 가늘게 밀어서 호랑이 얼굴에 임금왕(王)자를 붙여주고 각 부분에 호랑이 줄무늬도 붙여준다.
⑧ 초록색 점토로 물방울을 만들어 호랑이 코에 붙이고 빨간색을 길게 밀어 입을 만들어 준다.

⑨ 액자 군데군데 꽃처럼 동그라미를 여러 개 모양나게 붙여주어 완성한다.

⑩ 완성 된 그림을 삶아낸 후 액자틀에 본드를 이용해 붙이고 그 속에 아이들 사진을 넣어 예쁘게 장식한다.

칼라점토

12) 꽃바구니

(1) 은방울꽃

① 아주 연한 색(흰색 또는 연분홍)점토로 물방울을 만든다.

② 꽃가위(손톱정리가위)를 이용해 점토의 뾰족한 쪽을 6등분하는데 가위집을 작게 준다.

③ 6등분 된 꽃잎 하나하나 송곳으로 살짝 눌러 펴준다.

④ 펴 준 꽃잎을 밖으로 둥글게 벌려준다.

⑤ 다른 색 점토로 아주 작게 꽃 속에 수술을 박는다.
⑥ 수술을 송곳으로 여러 번 꼭꼭 눌러 완성한다.

〈잎사귀〉

① 연두색 점토로 물방울 무늬를 만든다.
(연두와 노랑을 반 믹스해서 잎사귀를 만들면 더 자연스럽다.)

② 잎맥에 찍어 잎사귀를 만든다.

③ 잎맥에 찍을 때, 뾰족한 쪽은 납작하게, 둥근 쪽은 도톰하게 잎을 찍어 놓는다.

④ 찍어낸 잎사귀마다 표정을 만들어 완성한다.

〈바구니〉
① 삶아 낸 꽃과 잎사귀에 철사를 꽂는다.
② 잎사귀는 잎사귀끼리 2-3개, 꽃은 꽃끼리 2-3개씩 철사를 엮어 조립한다.
③ 적당한 바구니에 꽂아 완성한다.

칼라점토

(2) 마가렛꽃

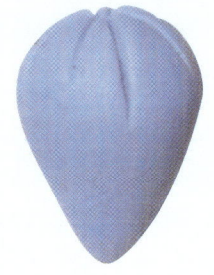
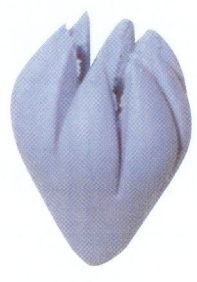

① 연보라 또는 연하늘색 점토로 물방울을 만든다.

② 물방울 점토의 둥근 쪽을 꽃가위로 8등분-12등분 낸다.(가위질은 충분히 깊게 준다.)

③ 8등분 낸 꽃잎 하나하나 굵은 송곳으로 굴려 펴준다. 이때 송곳을 꽃잎의 중앙에 놓고 양쪽으로 굴려 꽃잎을 예쁘게 펴준다.

④ 꽃 중앙에 수술(꽃심)을 동그랗게 박아준다.

⑤ 수술을 송곳으로 꼭꼭 눌러 예쁘게 표현한다.

① ②

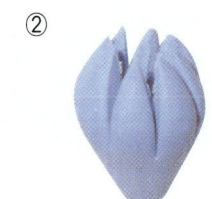

〈꽃봉오리〉
① 꽃봉오리는 물방울 점토의 둥근 쪽을 칼등으로 찍어 8등분 낸 후 가운데 송곳으로 꼭 눌러 준다.
② 덜 핀 꽃은 8등분 가위집만 낸 후 수술을 박아준다.
③ 꽃이 10송이면 꽃봉오리와 덜 핀 꽃은 2-3개씩 만들어준다.

〈조립〉
역시 삶아낸 꽃과 잎사귀에 철사를 꽂은 후 꽃은 꽃대로 잎사귀는 잎사귀대로 2-3개씩 주립해 바구니에 꽂는다. 은방울꽃과 같이 바구니에 꽂아도 예쁘다.

〈응용〉
마가렛을 만든 후 꽃잎 끝 부분을 뾰족뾰족하게 잘라내면 코스모스 같은 분위기를 낼 수 있다.
그리고 삐죽삐죽한 인조잎을 함께 꽂으면 더욱 어울릴 것이다.

칼라점토

(3) 장미꽃

① 먼저 결정한 꽃 색깔을 3단계로 만든다.
예를 들면 (빨강색→분홍색→연분홍색
주황색→진노랑색→노랑색)
이런 식으로 만든다.
② 장미꽃을 1송이 만들 때,
작은 물방울(진한색) 2개
중간 물방울(중간색) 3개
큰 물방울(연한색) 5개 등 모두 10개의 물방울이 필요하다.

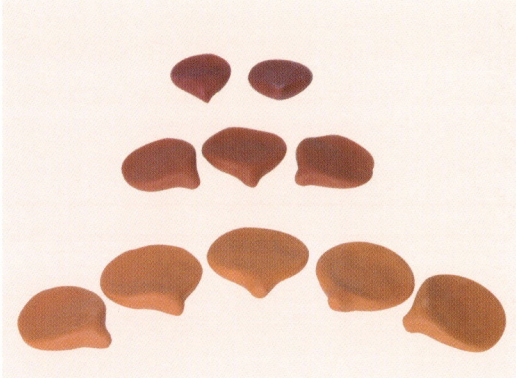

③ 10개의 물방울 모두 둥근 쪽을 눌러 얇게 펴준다.

〈장미꽃 조립〉
① 큰 장미 1송이에 잎사귀 2-3장을 함께 엮는다.
② 또는 장미 봉오리와 큰 장미, 잎사귀 2장 정도를 엮는다.
③ 다른 방법으로는 잎사귀와 꽃철사 대신 잎사귀 달린 장미 꽃대를 사용해도 좋다.
④ 장미는 좀 넉넉한 바구니에 모양있게 장식해 보자.

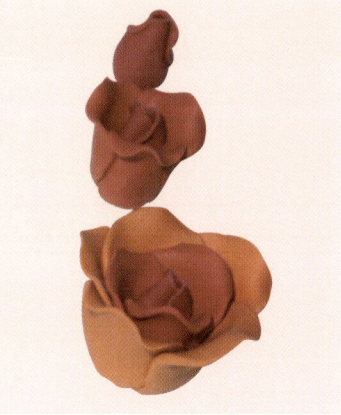

④ 작은 물방울 2개를 서로 엇갈리게 겹쳐준다.
⑤ 중간 물방울 3개를 그 위에 덧붙인다.
⑥ 그리고 큰 물방울 5개를 다시 덧붙이는데 작은 장미 3장 위에 5장이 모두 붙어야 예쁘다.
※ 5장 모두 붙이면 큰장미꽃이고, 3장까지만 붙이면 작은 장미꽃이다.

〈장미 꽃봉오리〉

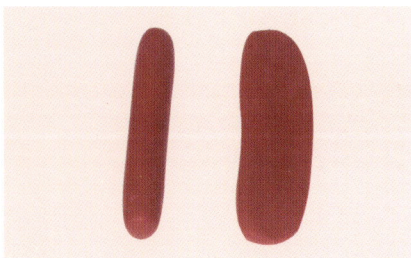

① 진한 색 점토를 길게 밀어 납작하게 눌러 놓는다.

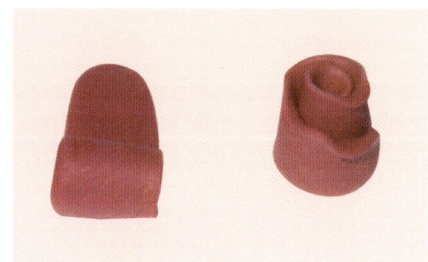

② 눌러 놓은 점토를 돌돌 말아 봉오리를 만든다.

③ 초록 점토를 가늘고 길게 밀어 장미 봉오리 4귀퉁이에 꽃받침처럼 붙여준다.
④ 장미도 역시 큰 장미 10송이에 장미 봉오리와 작은 장미를 각각 2-3송이씩 만들어준다.

(4) 딸기꽃

① 딸기꽃은 하얀 점토를 물방울로 만든다.
② 꽃가위로 하얀 점토를 5등분 가위집 낸다. 
③ 5등분된 꽃잎 하나하나 송곳으로 펴준다.
④ 펴준 꽃잎 끝을 마가렛과 달리 둥글게 다듬어 준다.
⑤ 꽃술은 노란색을 박아 송곳으로 거칠게 꼭꼭 눌러 준다.

〈딸기〉

① 빨간 점토를 준비한다.
② 빨간 점토로 물방울을 만든다.
③ 초록색 꽃받침을 약 5개 정도 붙여준다.
④ 빨간 점토를 송곳으로 꼭꼭 눌러 딸기처럼 표현한다.

〈딸기꽃 조립〉
① 꽃, 딸기, 잎사귀를 삶아낸 후 철사를 꽂는다.
② 꽃, 딸기, 잎사귀를 따로따로 2-3개씩 엮는다.
③ 딸기꽃은 마차바구니를 이용해 딸기를 약간 늘어지게 꽂아주는 것이 포인트다.

칼라점토

(5) 카라꽃

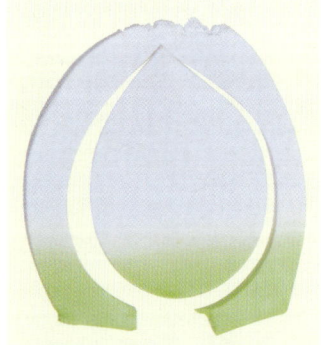

① 흰색과 연두색 점토를 4:1 정도의 비율로 밀대에 밀어주는데, 색이 자연스럽게 번지게 밀어놓는다.
② 밀어놓은 점토를 다시 커다란 물방울 모양으로 잘라 놓는다.
③ 잘라놓은 꽃잎 위에 노란 꽃술을 긴 물방울 모양으로 올려놓는다.
④ 꽃잎을 노란 꽃술 위로 접어놓는다.
⑤ 꽃잎을 모양있게 매만진다.

〈조립〉
① 카라꽃이나 장미꽃은 꽃 자체가 크므로 꽃철사보다는 꽃대를 이용해도 좋다.
② 꽃대는 잎사귀가 긴 것을 고른다.
③ 꽃을 꽃대에 꽂은 후 장식없는 투명 유리병에 꽂는 것이 깔끔하고 순수해 보인다.

칼라점토

백설공주와 난쟁이

민속 인형들

칼라점토

13) 동물인형

캐릭터 인형

캐릭터 인형

〈토끼인형〉

 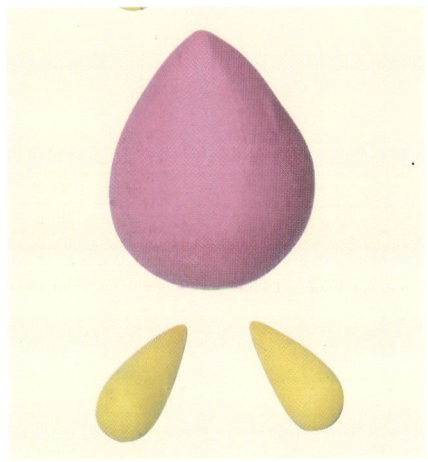 

① 진분홍 점토 한 토막으로 동그란 물방울을 만든다.(몸통)

② 노란색 점토 ½토막으로 동그란 얼굴을 만든다.
③ 노란색으로 짧은 물방울 2개와 긴 물방울 2개를 만들면 팔과 발이 된다.

④ 발을 몸통에 먼저 붙여 중심을 잡는다.

⑤ (몸통→발→팔→이쑤시개→얼굴)이 모든 인형의 순서다.

⑥ 보통 동물인형은 얼굴에 귀를 그냥 붙여주지만 토끼는 귀가 길므로 머리 부분에 구멍을 2개 뚫어서 물방울 모양 귀를 끼워준다.

⑦ 속귀는 같은 진분홍색으로 작은 물방울을 만들어 송곳으로 길게 꾹 눌러 놓는다.

⑧ 눈은 흰색에 검정 눈동자를 붙인 후 초록색 코를 붙인다.
⑨ 둥근 조각도로 코를 중심으로 입을 2번 찍는다.

⑩ 입 주위에 송곳으로 점을 좌우 3개씩 찍고 코 옆에 칼등으로 수염을 3줄 찍는다.
⑪ 그 외에 목에 리본, 머리에 꽃 등의 악세사리를 달아준다.

〈주의〉 인형을 삶거나 찜통에 찔 때는 물속에 누이지 말고 똑바로 세워 삶는 것이 좋다.

칼라점토

14) 사람인형

노래하는 천사들

토분 인형들

38

〈천사인형〉

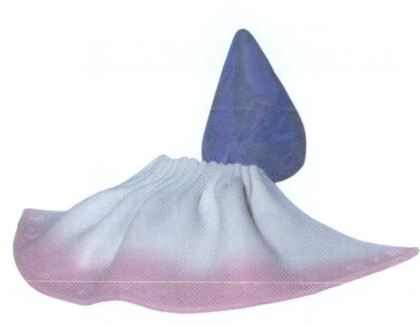

① 잡색(여러 가지 지저분한 색)을 물방울 모양으로 만든다.
② 흰색과 분홍(또는 노랑)을 4:1의 비율로 밀대에 자연스럽게 밀어 놓는다.
③ 밀어 놓은 점토를 ◯로 자른 후 밑단(분홍 부분)만 동글려서 치마를 재단한다.
④ 모양틀로 치마 밑단에 꽃 모양을 찍는다.
⑤ 재단한 치마 윗부분에 주름을 잡는다.

주름 잡은 치마를 잡색 몸통에 둘러준다.

⑦ 흰색 물방울로 몸통 윗부분을 만들어 붙인다.
⑧ 분홍색을 밀대로 길게 밀어 허리띠를 만들고 리본도 만들어준다.

⑨ 팔은 긴 물방울로 만들어 어깨에 붙여 가슴 부분에 두 팔을 모아 고정시켜준다.
⑩ 목 부분에 작은 분홍 물방울로 칼라를 만들어 준다.

목 부분에 이쑤시개를 꽂고 살색으로 둥근 얼굴을 만들어 끼운다.

⑫ 노란 물방울을 2개 만들어 납작하게 눌러 펴서 머리에 붙여준다.
⑬ 애교머리도 2-3개 붙이고 긴 물방울로 긴머리를 만들어 머리 뒷부분에 붙여준다.

⑭ 눈, 코, 입, 볼연지를 붙여 노래하는 천사인형을 완성한다.
⑮ 인형은 찜통에 똑바로 세워 완성하는 것이 좋다.

칼라점토

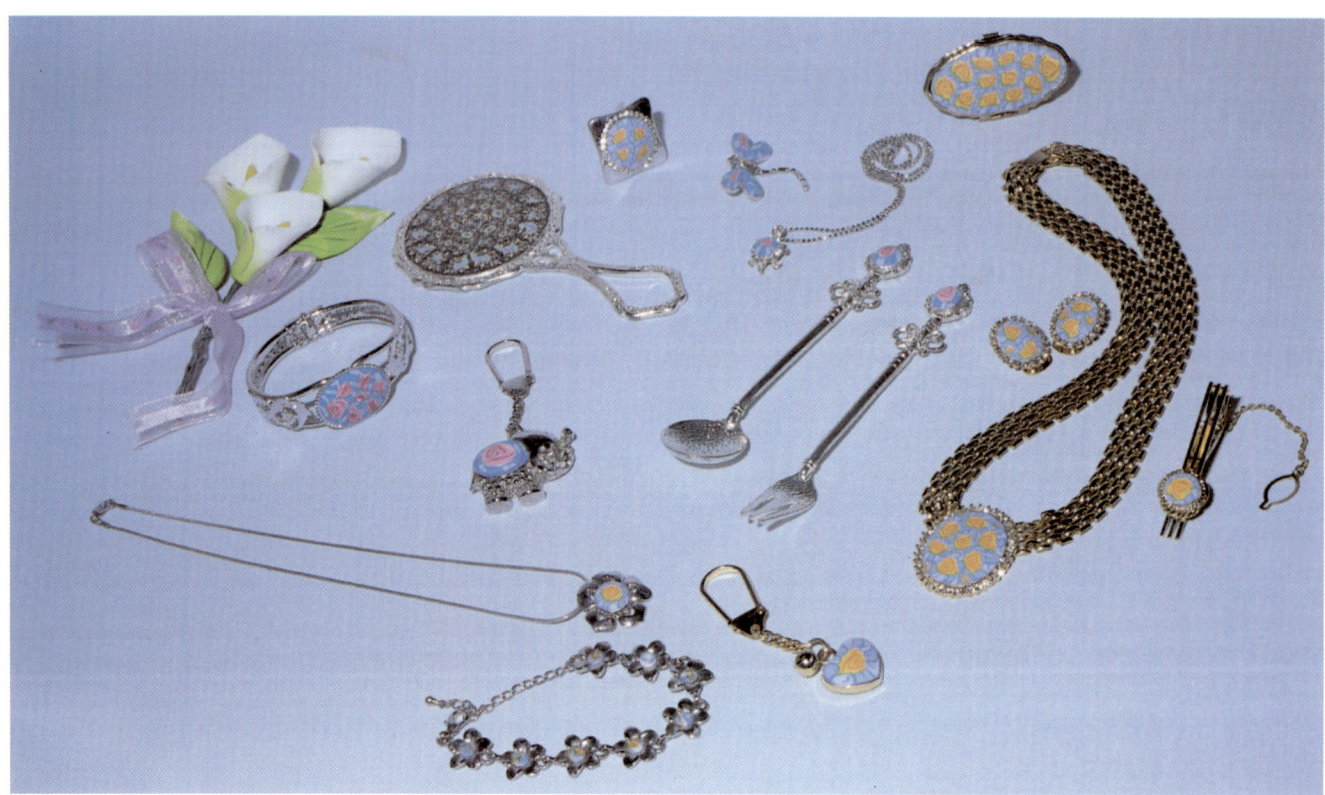

15) 악세사리

(1) 장미 문양

① 자신이 좋아하는 색깔을 2가지 선택하고 그 2개의 색을 3단계로 만든다.
  (예1) 하늘색과 노랑색 (예2) 보라색과 분홍색
  (파랑색   주황색)   (진보라색   진분홍)
  (하늘색   진노랑색) (중간보라색 분홍색)
  (연하늘색 노링색)   (연보라색   언분홍)

② 노랑 3단계는 꽃을 만들고 하늘색 3단계는 잎사귀를 만든다.

〈잎〉

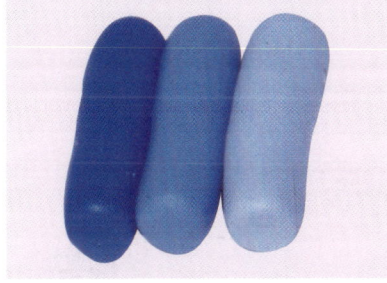 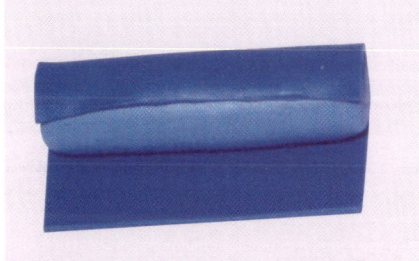 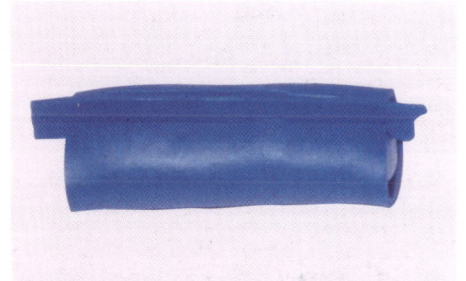

① 먼저 하늘색 3단계 중 제일 진한 파랑색을 밀대로 얇게 밀어 놓는다.
② 밀어 놓은 파랑색으로 하늘색과 연하늘색을 김밥싸듯 말아 놓는데 딱 한바퀴만 돌린다.
③ 김밥싸듯 말아 놓은 점토에 칼집을 깊숙이 넣어 반을 가르고 파랑색을 사이에 끼워 놓는다.

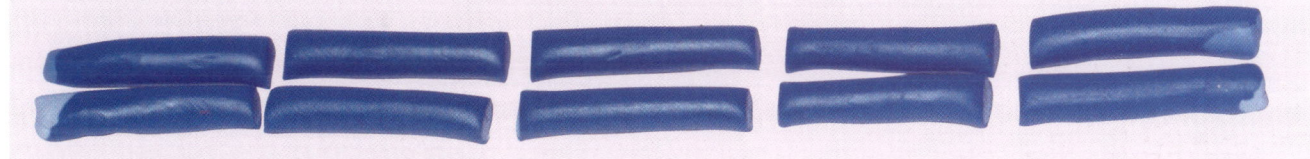

④ 2개 다 그렇게 심을 박고 길게 밀어 5토막 낸다.

〈꽃〉

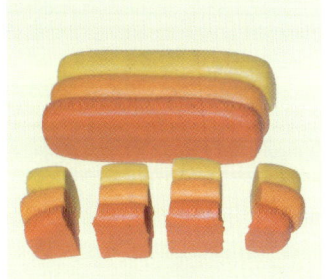 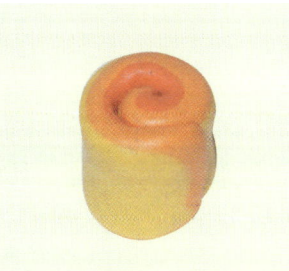  

① 노랑 점토는 진한색→중간색→흐린색의 순서대로 놓고 4등분 한다.
② 4토막 중 하나는 납작하게 눌러 돌돌 말아 놓는다.(속심)
③ 나머지 3토막은 반쯤만 누르고 양쪽 끝을 눌러 입술 모양을 만든다.
④ 말아놓은 속심에 꽃잎 3개를 서로 약간씩만(⅓정도) 겹치게 잘 붙여놓는다.

〈조립〉

① 만들어 놓은 꽃 위에 잎사귀 10개를 중간색, 흐린색 순서대로 번갈아가며 모두 붙인다.
② 꽃 가장자리에 잎사귀를 붙여 두툼해진 문양을 적당한 크기로 살살 굴려가며 밀어 놓는다.
③ 악세사리 틀을 준비해서 그 틀에 맞게 칼로 잘라 끼워 넣는다.
④ 틀이 작으면 1개, 틀이 크면 여러 개 박는 것이 예쁘다.
⑤ 틀에 박아놓은 문양을 꼭꼭 눌러놓은 다음, 칼로 깎아서 문양을 잘 정돈시킨다.
⑥ 예쁘게 문양을 박은 악세사리도 삶아서 완성한다.

칼라점토

(2) 해바라기 문양

① 보라색 3단계, 분홍색 2단계의 점토를 준비한다.

② 장미 문양의 잎사귀처럼 중간 보라와 연보라를 진보라로 싸서 심을 박아 놓는다.
③ 심박은 보라를 3토막 낸다.(모두 6토막) ④ 분홍색은 길게 밀어 6토막-8토막 낸다.

⑤ 토막 낸 분홍을 서로 엇갈리게 붙여 바둑 무늬를 만든다.

⑥ 바둑무늬에 심박은 보라 6개를 붙인다.
⑦ 붙여놓은 보라 사이사이에 진보라를 길게 밀어 붙여서 해바라기 문양을 완성한다.

⑧ 악세사리틀에 문양을 여러개 잘라박아서 예쁘게 장식한다.

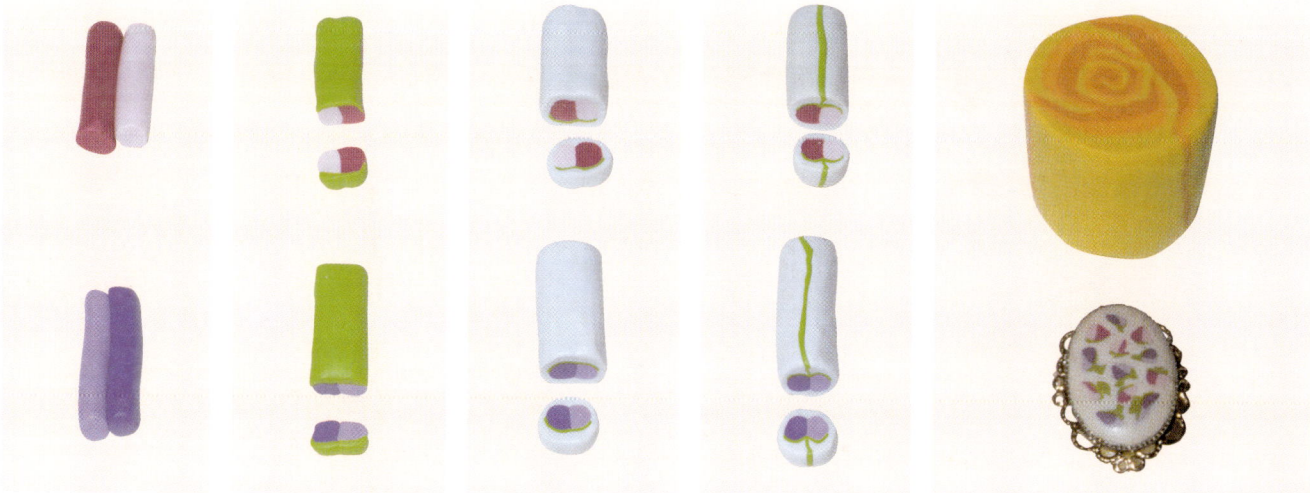

(3) 이중싸기 문양

① (진분홍, 연분홍), (진보라, 연보라)점토를 준비한다.
② 연두색 점토를 밀대로 납작하게 밀어 놓는다.

③ 밀어 놓은 연두색 점토로 분홍, 보라 점토를 반 바퀴만 싸준다.

④ 흰 점토도 도톰하게 밀어서 ③번의 점토를 한바퀴 돌려 싸준다.

⑤ ④번의 점토에 칼집을 줘서 연두색을 심박아 놓는다.

⑥ 이 2가지 색의 점토만 이용해 악세사리에 박아줘도 깔끔하고, 또는 장미 문양을 가운데 놓고 2가지 색을 돌려가며 박아주면 화려한 악세사리를 만들 수 있다.

(4) 사람 문양

〈낙엽 브로치〉

① 노랑 연두를 잎맥에 찍어 표정을 잡아놓는다.

② 흰색으로 얼굴을 만들어 붙인다.
③ 얼굴은 양쪽 집게손가락으로 눌러 코를 세워준다.

④ 노랑색 점토 2줄을 꼬아 머리를 붙여주고 애교머리도 붙인다.

⑤ 검정색을 아주 얇게 밀어 살짝 감은 눈을 표현해 주고 그 위에 연보라 줄을 하나 더 붙인다.

⑥ 연분홍으로 입술을 아주 작게 붙여준다.

⑦ 연두색으로 잎사귀 3개를 붙인다.

⑧ 연두·초록으로 장미 봉오리를 만들어 잎사귀 위에 붙인다.
⑨ 완성된 낙엽을 삶아낸 후 순간 본드를 이용해 브로치에 붙여준다.

〈리본 얼굴〉

① 틀에 맞게 연분홍으로 밑판을 얇게 만든다.

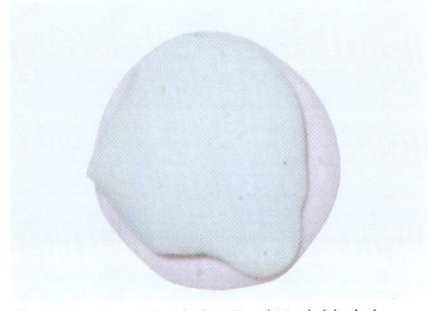

② 흰색으로 사람 옆얼굴을 만들어 붙인다.

③ 눈, 코, 입은 따로 붙이지 않고 청록색으로 삐죽삐죽한 머리카락을 만들어 분위기 있게 붙여준다.

④ 보라색으로 머리 윗부분에 둥글게 붙인다.

⑤ 그 보라위에 리본을 만들어 붙이고 연분홍 볼연지도 붙인다.

※ 리본은
1. 보라색을 얇게 밀어 직사각형으로 자른다.
2. 직사각 중심에서 한번 주름을 잡고
3. 그 가운데 띠를 가늘게 붙인다.

〈모자 얼굴〉

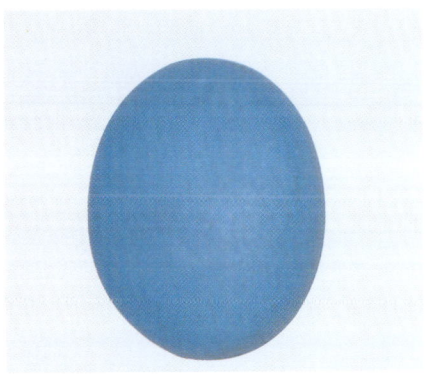

① 초록+파랑+흰색을 섞어 연청록 점토로 얼굴을 만든다.

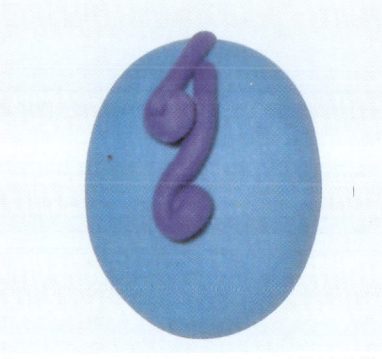

② 보라색을 3단계로 만들어 진한보라색으로 코부터 중심을 잡는다.

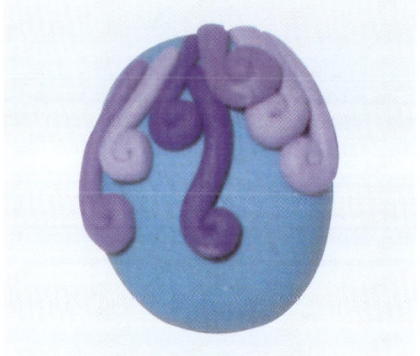

③ 보라점토를 길게 밀어 끝부분만 구부려서 머리를 모양있게 만들어준다.

④ 머리를 다 붙인 후 모자챙을 양쪽 물방울로 만들어 붙이고, 보라색을 2줄 꼬아서 모자 윗부분에 정리한다.

⑤ 연분홍으로 입술을 붙이고 둥근 조각도로 찍어준다.

※ 사람 문양은 직접 악세사리 틀에 놓고 만들어 사이즈를 맞추어 완성한 후 삶아주어야 한다.

칼라점토

16) 크리스마스 이야기

달과 산타

칼라점토

트리 Set

칼라점토

(1) 리스만들기

① 흰색·노랑·빨강·초록을 잘 어울리게 조화시키면 크리스마스 분위기를 낼 수 있다.
② 이 중 2개의 색을 골라 길게 밀어 놓는다.(예:노랑·빨강)

③ 2개의 긴 점토를 똑바로 놓고 오른손은 위로, 왼손은 아래로 서로 엇갈리게 꼬아준다.

④ 꼬아 놓은 점토 끝을 서로 잘 붙여 동그랗게 만든다.
⑤ 진한 초록색 물방울을 잎맥에 찍어 잎사귀 3개를 만든다.
⑥ 잎사귀에 빨간 열매 3개를 붙인다.
⑦ 눈이 온 것처럼 흰색 점을 리스에 2개씩 붙인다.
⑧ 끓여낸 리스를 리본줄로 묶어 문에 장식한다.

칼라점토

트리 요정

산타 선물

칼라점토

산타와 눈사람

버섯나라 산타

(2) 눈사람

① 크고 작은 흰색 점토를 2개 동그 랗게 만든다.(4:3 정도의 비율)
② 큰 동그라미 몸통에 이쑤시개를 꽂고 작은 동그라미 얼굴을 올려 놓는다.
③ 검정 눈 2개와 뾰족한 빨간 코를 붙이고 레이스 찍는 5조도구로 입을 찍는다.
④ 초록이나 검정으로 눈사람 모자를 만든다.
⑤ 초록과 빨강 2줄을 꼬아 목도리를 만든다.
⑥ 노랑 장갑을 만들어 허리에 붙여 준다.
⑦ 분홍 단추 2개를 가슴에 붙여주고 물에 끓여 완성한다.

(3) 산타 클로스

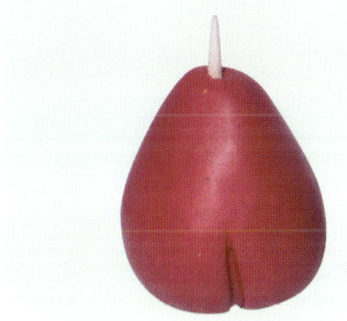  

① 빨강 점토 한 토막으로 물방울 모양의 몸통을 만든다.
② 검정색 물방울 발을 붙인다.
③ 허리에 흰색 띠를 둘러주고 빨간색의 긴 물방울 모양 팔을 어깨에 붙여준다.
④ 몸통에 이쑤시개를 꽂고 살색 얼굴을 동그랗게 올려 놓는다.
⑤ 모자는 빨간색을 긴 물방울로 만들어 꽃밀대로 속을 넓게 파서 머리에 씌워준다.

⑥ 초록색 장갑을 만들어 붙인다.
⑦ 흰색 양쪽 물방울을 만들어 얼굴에 두툼하게 턱수염을 붙여준다.
⑧ 모자에 흰색 테두리를 해주고 모자 끝에 흰 방울도 단다.
⑨ 흰눈에 검정 눈동자를 붙이고 콧수염을 만든다.
⑩ 콧수염은 흰 물방울로 2개 만들어 코 부분에 겹쳐 붙이고 그 위에 빨간 코를 달아준다.
⑪ 모자에는 흰 점을 붙여 완성한다.
※ 그 밖에 노란 종, 산타 막대기, 촛불, 선물 보따리 등등 서로 다른 악세사리를 산타인형에 붙여 제각기 개성있는 산타를 연출해 보자.

칼라점토

17) 실용상품 코너

◀ 사진액자

▼ 열쇠걸이 모음

칼라점토

곰돌이 모자걸이

영수증꽂이

칼라점토

(1) 열쇠 걸이

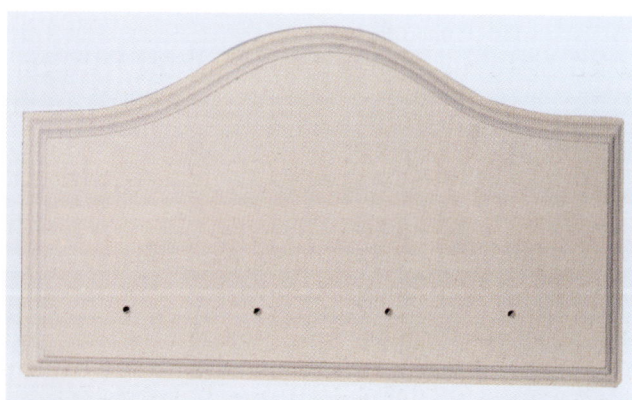

① 열쇠판과 고리를 준비하고 도화지로 열쇠판 모양대로 본을 잘라 놓는다.

② 색은 분홍·노랑·흰색·진노랑을 준비해 밀때에 색이 곱게 번지게 밀어 놓는다.

③ 밀어 놓은 판에 본을 대고 자르고 고리 구멍표시도 해둔다.

④ 먼저 판에다 줄기와 잎사귀를 단다.

⑤ 중앙의 약간 왼쪽에 남자아이를 앉힌다.

⑥ 중앙 오른쪽에는 여자아이를 앉힌다.

⑦ 사람을 다 앉힌 후 왼쪽, 오른쪽에 하늘색 꽃을 만들어 준다.
⑧ 끝으로 남자 아이 손에 풍선을 달아 그림을 완성한다.

〈조립〉
① 완성된 그림을 물에 삶아낸 후 401 본드를 이용해 열쇠판에 붙여준다.
② 열쇠 고리는 나사못처럼 생겼으므로 구멍을 표시해 둔 곳에 돌려서 끼워주면 된다.

〈꽃〉
① 하늘색을 3단계로 만들어 밑에는 진한색, 위에는 연한색 꽃을 붙여 준다.

② 꽃은 물방울을 5개 만들어 붙이고 가운데에 하얀 점을 하나씩 붙여 준다.

〈남자〉
① 초록색의 긴 물방울로 다리를 만들어 줄기 위에 구부려 놓고 신발도 만들어 붙인다.
② 몸통은 살색 물방울로 다리 위에 납작 붙여놓는다.
③ 밀대로 초록색을 밀어 윗옷을 입힌다.
④ 팔은 초록 긴 물방울로 어깨에 붙인다.
⑤ 살색 얼굴을 동그랗게 붙인다.
⑥ 밤색 점토로 삐죽한 물방울을 만들어 머리카락을 붙인다.
⑦ 눈, 코, 입, 볼연지를 붙인다.

〈여자〉
① 살색으로 긴 다리를 2개 만들어 줄기 위에 붙인다.
② 노란색 점토를 밀대로 밀어 치마와 윗옷을 재단한다.
③ 치마는 주름을 2-3개 잡아 허리에 붙여준다.
④ 몸통은 살색 물방울로 만들고 재단한 옷을 입혀준다.
⑤ 노란색 긴 물방울로 팔을 붙이고 살색 손을 만든다.
⑥ 살색 얼굴을 동그랗게 만들어 붙이고 밤색 머리카락을 붙여준다.
⑦ 눈, 코, 입을 만들고 머리에 보라색 리본도 달아준다. 리본은 물방울 모양 2개를 맞붙이고 가운데에 동그란 점을 하나 붙여준다.

칼라점토

신랑·신부시계

― 칼라점토

달팽이 시계

소품 시계 Ⅰ, Ⅱ

칼라점토

(2) 12지간 시계

① 12지간 동물시계는 쥐→소→호랑이→토끼→용→뱀→말→양→원숭이→닭→개→돼지 순서로 붙인다.
② 여기서는 쥐·말·양·원숭이·닭을 만들어 보겠다.
(앞쪽에서 이미 호랑이·토끼·뱀·개·돼지 등을 만드는 방법이 소개되었다.)

〈쥐〉

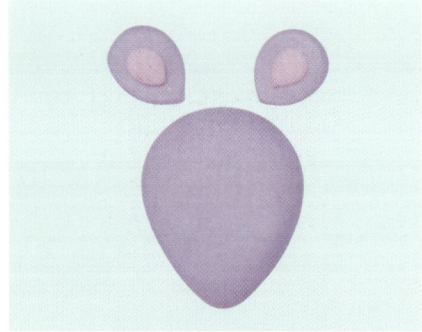

① 연보라색 뾰족한 물방울로 쥐의 얼굴을 만든다.

② 귀도 작은 물방울 2개를 만들고 연분홍으로 속귀를 만들어 붙인다.

③ 얼굴 중앙에 흰색에 검정 눈동자를 붙이고 빨간 코를 얼굴 끝 쪽에 붙여준다.

④ 입은 코 밑에 송곳으로 눌러 표현한다.

⑤ 코 옆에 수염은 칼등으로 3줄 눌러주고 볼연지를 붙인다.

〈말〉

① 하늘색으로 둥근 물방울의 얼굴을 만들고 파 랑색 물방울의 귀를 만들어 붙인다.

② 말의 머리칼은 파란색 물방울을 길게 2줄 붙 여준다.

③ ② 위에 진노란색, 노란색 머리칼을 2개씩 더 붙여준다.

④ 눈을 붙이고 콧등은 칼등으로 길게 찍어놓는 다.

⑤ 말의 콧구멍은 노란색을 길게 밀어 ∽자로 붙인다.
⑥ 볼연지를 붙이고 귀는 5조도구 중 삼각칼로 눌러준다.

〈양〉

① 연분홍으로 동그란 얼굴을 만들고 같은 색으 로 물방울 모양의 귀를 만든다.

② 진분홍으로 꼬불꼬불 양의 머리털을 만든다.

③ 머리털은 위부터 2-3줄 정도 붙여준다.

④ 초록으로 뿔을 만들어 머리 위에 2개 붙인다.
⑤ 흰색에 검정 눈동자를 붙이고 초록색 코를 붙인다.

⑥ 입은 둥근 조각도로 2번 찍고 송곳으로 점을 3개 정도 찍어준다.
⑦ 노란색 볼연지를 붙여 완성한다.

〈원숭이〉

① 초록색으로 동그란 얼굴을 만들고 물방울 모양의 귀도 만들어 단다.

② 연두색으로 속귀를 붙인다.

③ 노란색으로 입 부위를 긴 동그라미로 붙여주고 눈 부위도 노랑색 동그라미를 2장 납작하게 붙인다.

④ 흰색에 검정 눈동자, 이음새 중간에 빨간 코를 붙여준다.

⑤ 칼로 입을 ⌣ 표현해 주고 눈썹도 둥근 조각도로 찍어준다.
⑥ 분홍색 볼연지를 붙이고 귀는 굵은 송곳으로 눌러준다.

〈닭〉

① 진노랑으로 동그란 얼굴을 만들고 주황으로 닭벼슬을 만든다.

② 작은 물방울 3개는 머리에, 큰 물방울 2개는 턱에 붙여준다.

③ 눈을 붙인 후 노랑색 양쪽 물방울로 닭 부리를 만들어 부리에 칼집을 2번 준다.

④ 둥근 조각도로 눈썹을 재미있게 찍어주고 칼 등으로 닭벼슬에 2줄 찍는다.

⑤ 볼연지를 붙여 닭을 완성한다.

※같은 방법으로 12동물을 모두 만들어 시계를 완성하면 장식적인 효과도 있지만 아이들 교육에도 많은 도움이 될 것이다.

(3) 기타

이 밖에도 책에는 사진액자, 연필꽂이, 모자걸이, 수건걸이, 편지꽂이, 시계 등 여러 종류의 실용상품이 소개되어 있다. 소개되지 않은 거울, 보석함, 과반 등도 같은 방법으로 본을 뜨고 그림을 붙여주면 좋은 작품을 실생활에 충분히 응용할 수 있을 것이다.

소년 · 소녀 옷걸이

칼라점토

18) 소품액자

민속 男·女

돼지 풍선(20×20cm)

민속 男·女

칼라점토

가을 달밤(25×30cm)

칼라점토

(1) 달님 천사 액자

① 보라색 점토를 3단계(진보라·중간보라·연보라)로 색깔당 한 토막 반씩 준비한다.

② 준비한 색을 밀대에 밀어 그라데이션 효과를 준다.
③ 자연스럽게 색이 번진 판을 약 15㎝ 정사각으로 자른다.

④ 노란색 점토를 밀대로 밀어 지름이 약 9㎝ 되게 동그랗게 컵으로 찍어 놓는다.

⑤ 그림처럼 달님 얼굴을 잘라 밑판에 붙인다.

⑥ 달님을 판에 붙일 때 약간 왼쪽 위쪽으로 치우치게 뉘워 붙인다.

⑦ 위쪽에 분홍색 천사, 아래쪽에는 옥색 천사를 붙인다.
⑧ 천사를 붙인 후 달에도 눈썹과 볼연지를 붙여 완성한다.

〈천사 만들기〉

① 천사는 먼저 분홍과 옥색 치마를 밀대에 얇게 밀어 놓는다.
② 밀어 놓은 치마는 사다리꼴로 아랫단만 동글려 재단한다.

③ 재단한 치마는 위에 주름을 두어개 잡아 달에 붙인다.

④ 살색 긴 물방울로 발을 만들어 치마 속에 끼워 넣고 얼굴도 동그랗게 만든다.

⑤ 팔은 같은 색으로 긴 물방울을 만들어 얼굴을 감싸 붙인다.

⑥ 날개는 흰색 점토를 얇게 밀어 부채꼴 모양으로 잘라 붙인다.

⑦ 분홍천사 머리는 물방울을 2개 납작하게 붙이고, 옥색 천사는 머리를 아래부터 위쪽으로 한 가닥씩 붙인다.

⑧ 얼굴은 포근한 눈매를 연출해 완성한다.

날개

날개

별

옥색 천사

칼라점토

여름(20×25cm)

소품 액자 Ⅰ, Ⅱ, Ⅲ

칼라점토

그네(15×20cm)

딸기소녀

모자 男·女

(2) 아기 고양이 액자

① 하늘색 점토를 3단계로 1½ 토막씩 준비한다.

② 하늘색 밑판을 자연스럽게 밀대로 밀어 15×19㎝의 직사각형으로 잘라놓는다.

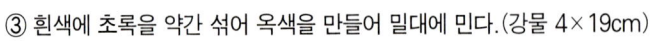

③ 흰색에 초록을 약간 섞어 옥색을 만들어 밀대에 민다.(강물 4×19cm)

④ 이 옥색은 물가를 표현하므로 밀대에 밀어서 4×19㎝의 긴 직사각으로 잘라 하늘색 밑판 하단에 붙여준다.

⑤ 양쪽 언덕은 연두색과 노랑을 적당히 섞어 반 믹스해서 그림처럼 잘라 붙인다.
⑥ 나무는 밤색과 황토색을 반 믹스해서 긴 물방울로 나무기둥을 붙이고 잔가지를 3개쯤 따로 붙여준다.

⑦ 먼저 아이를 만들어 주고 옆에 고양이를 앉힌다.

⑧ 얕은 물가에 아이와 고양이가 앉아 놀란 표정이다.

⑨ 나무의 잎사귀는 5조도구 중 삼각칼을 이용해서 연두색을 반달 모양으로 떼어 붙인다.
⑩ 잎사귀는 주조색이 연두고 노랑과 진노랑을 사이사이에 맛으로 붙여준다.
⑪ 나뭇잎은 먼저 전체 모양을 결정한 후 안으로 하나씩 붙여 완성한다.

⑫ 나른한 오후, 물가의 고추잠자리도 붙이고 풀과 꽃도 붙여 마무리한다.
⑬ 액자도 물론 그림만 찜통에 찌거나 삶아낸 후 본드를 이용해 액자판에

〈아기와 고양이 만들기〉

① 입체 인형이건 납작인형이건 모두 물방울로 몸통부터 만든다.
② 아기는 몸통→발→팔→얼굴→머리카락 순으로 만들어 준다.
머리는 양쪽 물방울로 납작하게 눌러 붙이고, 물방울로 머리 위에 하나 더 붙여 분수머리를 표현해 주고 송곳으로 모양나게 긁어준다.

가을 들녘(20×20cm)

(3) 아기 손, 발바닥 액자

아이들의 생일이나 어린이날에 맞춰 손, 발바닥 도장을 찍어 놓는다면 영원한 추억이 될 것이다.
① 먼저 하얀 점토를 2토막 준비해 충분히 말랑거리게 많이 주물러 놓는다.
② 말랑거리는 점토를 밀대에 밀어 15㎝ 정도의 정사각형으로 잘라놓는다.
③ 아이의 손과 발에 점토용 동분을 손가락 끝까지 골고루 잘 펴바른다.
④ 밀어 놓은 점토에 손, 발을 놓고 엄마가 손, 발 마디마디를 꼭꼭 눌러준다.
⑤ 아이들이 재미있어 하는 애벌레와 무당벌레를 하나씩 만들어 장식한다.
⑥ 본드를 이용해 액자에 붙여주고 손, 발 가운데에 계절에 어울리는 그림도 하나 더 붙여주면 멋질 것이다.

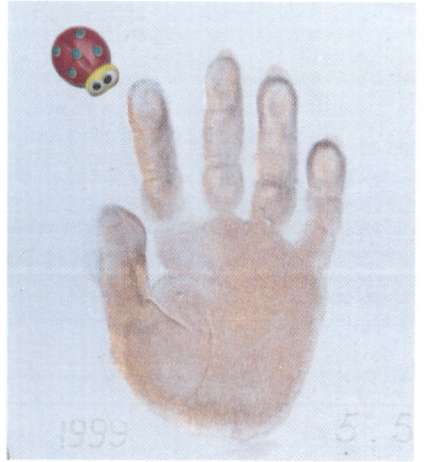

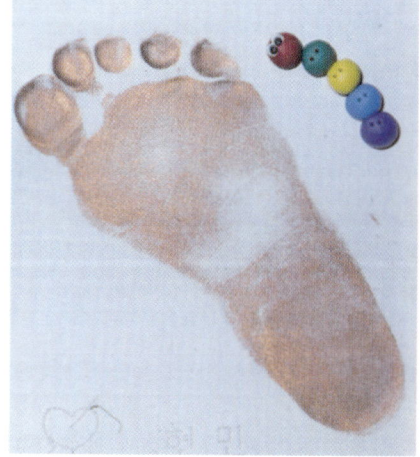

19) 장식용액자

〈가을의 풍요〉
지름이 20cm 정도되는 둥근 액자에 가을의 풍성한 과일을 장식해 보았다.

〈사자〉
아이들이 좋아하는 사자를 둥근 액자에 담아 요정과 함께 재미있게 표현해 보

칼라점토

이젤액자 Ⅰ, Ⅱ

〈나비요정(30×35cm)〉
봄을 노래하는 나비들이 꽃 속에 앉아 서로 속삭이는 정겨운 그림이다.

칼라점토

〈장미 Set(13×33cm)〉
화분은 잡색에 점토로 터치를 해서 명암을 살려주고 장미 3송이와 함께 잎사귀도 각기 다른 색으로 색번짐해서 자연스런 분위기를 냈다.
배경판에는 물감으로 잎사귀도 그려넣어 또다른 분위기를 냈다.

칼라점토

〈딸기요정(25×30cm)〉
봄내음이 물씬 풍기는 딸기 그림이다. 예쁜 소년·소녀가 함께 수확하는 딸기는 시원스럽게 배경을 표현해서 초여름을 알리는 기쁨을 준다.

칼라점토

〈봄풍경(25×30cm)〉
원근과 명암을 함께 살려주는 것이 풍경화와 산수화의 특징이다. 멀리 있는 것은 작고 어둡게, 가까운 것은 두껍고 밝게 표현하는 것이 포인트다. 봄을 맞아 아낙네들이 물가에 나와 빨래하는 모습이 한가롭기만 하다.

칼라점토

〈원두막(30×35cm)〉
시원한 여름이 느껴지는 원두막 풍경이다. 아이들이 원두막에 앉아 참외와 수박을 먹는 모습이 정겹기만 하다. 이 그림은 다양한 기법이 묘사되어 있어 부분 부분 각기 다른 방법으로 표현해 주어야 한다. 원두막 지붕, 나무 뒤의 구름, 수풀, 땅, 수박밭 등이 그렇다.

칼라점토

〈꽃 사계〉
자신이 좋아하는 계절의 꽃과 열매를 이용해 사계절 액자를 만들어 보자.
액자 하나만 걸어도 그 계절의 느낌이 전해질 것이다.

〈자전거(30×35cm)〉
황혼이 질 무렵, 개구쟁이 아이들이 자전거를 타고 한 줄로 지나가는 모습이 재미있다.
지는 해에 구름을 터치해 주고 주변에 잠자리떼를 수놓는다.
그리고 어두운 길에 제각각의 모양있는 돌들이 재미를 더한다.

칼라점토

〈버섯요정(25×30cm)〉
이 그림은 배경판을 사선으로 깔았다. 밑판을 사선으로 깔 경우 점토의 양을 충분히 준비해야 한다. 잘려 나가는 부분이 많기 때문이다.
먼저 버섯을 흰색으로 양쪽 물방울을 만들어 틀을 잡아주고 그 위에 빨강 점토를 색번짐으로 얇게 덮어 모양에 맞게 잘라서, 버섯갓을 만들어 주는 것이 포인트다.
버섯 주위에 가지 각색의 낙엽을 분위기 있게 표현해 보자.

〈강강술래(30×35cm)〉
우리 민속 전통의 강강술래하는 모습이다.
해질 무렵 동네 처녀들이 손에 손을 잡고 풍요와 소원을 빌며 둥글게 도는 모습들을 점토로 예쁘게 만들어 보자.
하늘은 진한 파랑색을 3단계로 만들어 어둡게 표현해 주고, 땅은 황토색을 깔아 칫솔 같은 도구로 꾹꾹 눌러 거칠게 표현한다.
하늘과 땅이 닿는 중간쯤 초가집과 나무들을 만들어 주고, 덩달아 뛰어노는 누렁이도 재미있게 만들어 보자.

칼라점토

〈겨울나무 천사(30×35cm)〉
배경판은 색깔이 여러 개 들어가 많이 신경써서 판을 만들어 주어야 한다.
색깔이 많고 적게 들어간 차이에 따라 점토양을 조절해야 밑판이 예뻐진다.
그리고 이 그림의 포인트는 나무이다. 조금은 힘들어도 잔가지를 많이 표현해 주어야 그림이 살아난다.
그 위에 제각기 다른 표정의 천사들을 만들어 붙이면 행복한 겨울이 될 것 같다.

칼라점토

겨울리스(20×18cm)

낙엽요정(20×18cm)

칼라점토

〈거미줄과 나비(30×35cm)〉
커다란 거미줄에 예쁜 나비요정이 걸려 고민하는 모습이다.
나비요정의 화려한 날개를 섬세하게 표현해 주는 것이 포인트다.
한 쪽에는 수국을 예쁘게 장식해서 단조로움을 피하고 요정은 옷을 일일이 재단해서 입혀주어야 한다.
전체적인 조화를 잘 살려야 그림의 분위기가 좋아진다.

칼라점토

〈나리꽃 요정(30×35cm)〉
나리꽃은 점토를 자연스럽게 밀어서 한장 한장 잘라서 꽃을 만들어 주고, 그 위에 요정을 우아하게 표현해 주는 것이 요령이다.
팔, 다리는 가늘고 길게 표현하고 옷은 하늘하늘하게, 머리카락은 한올 한올 송곳에 말아, 꼬불꼬불 분위기 있게 표정을 잡아준다.

★칼라점토에 필요한 기본재료

1) 5조 도구
    ①송곳―점을 찍을 때, 구멍을 낼 때, 작은 꽃 만들 때 사용
    ②삼각칼―점토를 오리거나 풍경화 터치할 때, 나뭇잎 뗄 때, 동물 귀, 리본 표현 할 때 사용
    ③주걱―바닥에 무늬를 낼 때, 점선을 만들 때 사용
    ④레이스 컷―동물 입, 요정 날개, 치맛단 등 모양낼 때
    ⑤꽃 밀대―꽃잎을 펴줄 때, 밑그림 그릴 때 사용
2) 조각도―삼각칼, 둥근칼은 동물, 사람 입 모양을 표현할 때 사용한다.
3) 칼-주로 카터칼을 사용하며 작품 제작시 여러 가지 모양을 자를 때 필수품이다.
4) 접착제―수공예용 접착제인 401본드를 이용한다.
5) 가위―보통 가위는 본을 자를 때 사용하며 손톱정리가위는 꽃을 만들 때 많이 사용한다.
6) 모양틀―포도 잎맥, 해바라기 잎맥은 잎사귀 만들 때 사용하며 별 모양을 위한 별틀, 여러 가지 작은 꽃 모양을 한 꽃도장 등이 있으며 그 밖의 여러 가지 문양틀이 있다.
7) 국수기계―점토로 색번짐(그라데이션) 효과를 낼 때 사용하고 그 밖의 밑판을 재단할 때도 사용한다.
8) 병―깨끗한 병을 이용해 작은 그림을 재단할 때 사용해도 된다. 이 때는 병에 살짝 물을 발라 주어야 점토가 달라붙지 않는다.

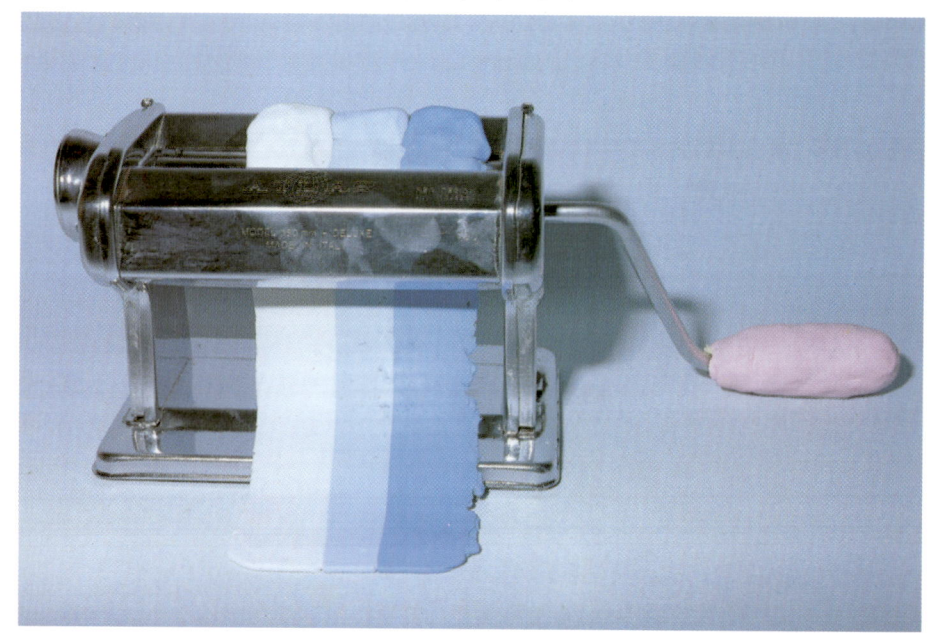

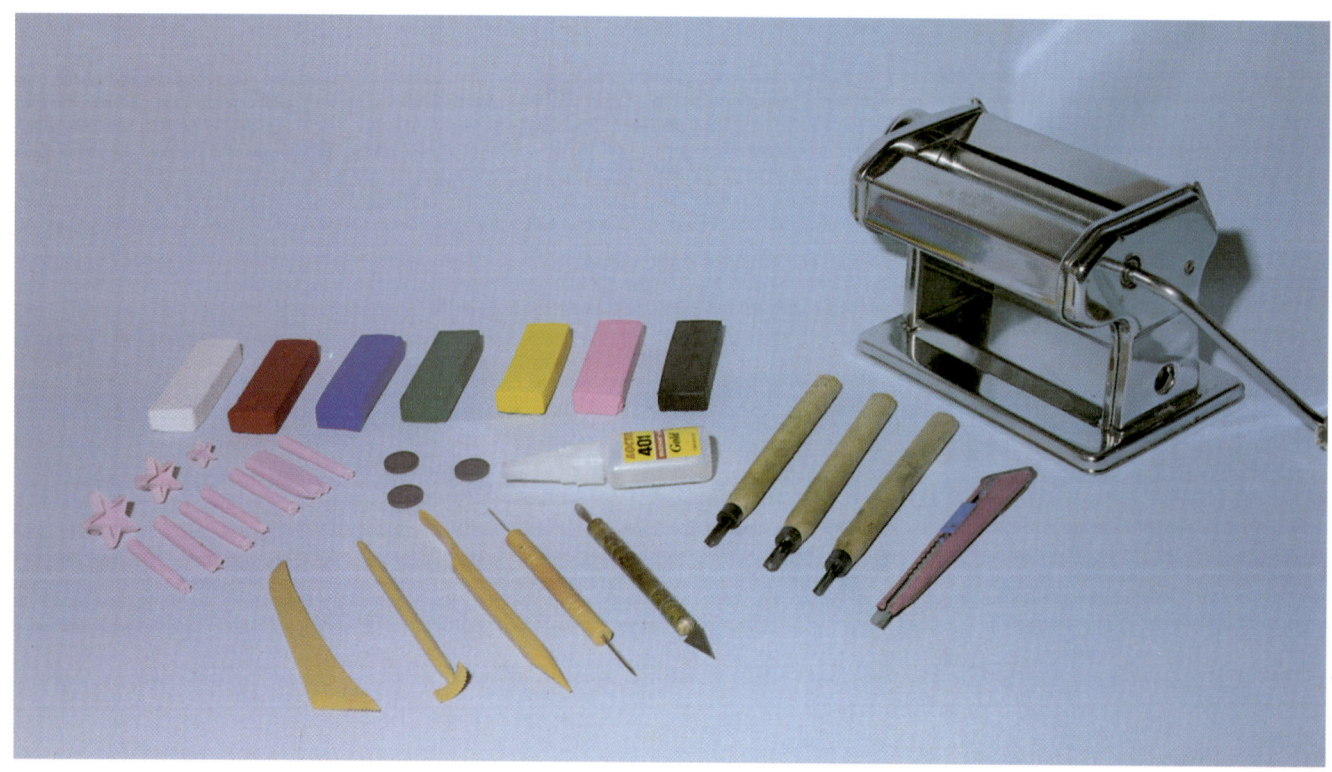

★작품 완성시 열처리 방법

1) 냄비 또는 찜통—냄비에 찬물을 붓고 10분 정도 끓여주면 된다.
   작품은 물에 푹 담지기 않아도 되지만 일단 5분 이상 끓여주어야 한다.
   단품은 냄비에 삶아주고 소품 액자류는 찜통에 찌는 것이 안전하다.
2) 오븐렌지(석반식 토스트기)—작품 표면에 윤기를 내고 싶을 때 사용한다.
   - 오븐은 코팅 종이를 깔고 작품을 놓은 뒤 135℃에서 2-5분
   - 토스트기는 약(370w)에 놓고 5-7분 가열
3) 공업용 드라이어기(열풍기)—큰 작품을 말려줄 때 사용하나 시간이 너무 오래 걸리는 것이 흠이다.

★칼라점토 색 배합표

색은 기존 것을 이용해도 좋으나 색배합공식은 아래 표를 사용하십시요.

색 이름		색 이름		색 이름	
살 색 흰(9)+빨(0.5)+노(0.5)		미 색 흰(9)+(0.5)		고 동 색 노(4)+빨(4)+검(2)	
분 홍 색 흰(9)+빨(1)		하 늘 색 흰(9)+파(1)		밤 색 노(4)+빨(3)+검(3)	
주 황 색 노(7)+빨(3)		회 색 흰(9)+검(1)		황 토 색 노(8)+빨(1)+검(1)	
진노랑색 노(9)+빨(1)		보 라 색 빨(5)+파(5)		남 색 파(8)+검(2)	
초 록 색 파(5)+노(5)		자 주 색 빨(9)+검(1)		청 록 색 파(5)+초(5)	
연 두 색 노(7)+초(3)		옥 색 흰(9)+초(1)		카 키 색 노(9)+검(1)	

판권 소유

예쁜점토 칼라점토

2004년 12월 15일 2판 발행

저 자 : 함미재
발행인 : 이무형
발행처 : 태학원
등록 : 제10-193호(1988년 1월 23일)
주소 : 서울시 마포구 신수동 88-13호
전화 : 719-6680, 715-3554
팩스 : 719-6681

가격 : 12,000원

ISBN : 89-86016-72-9 13630